AF257569

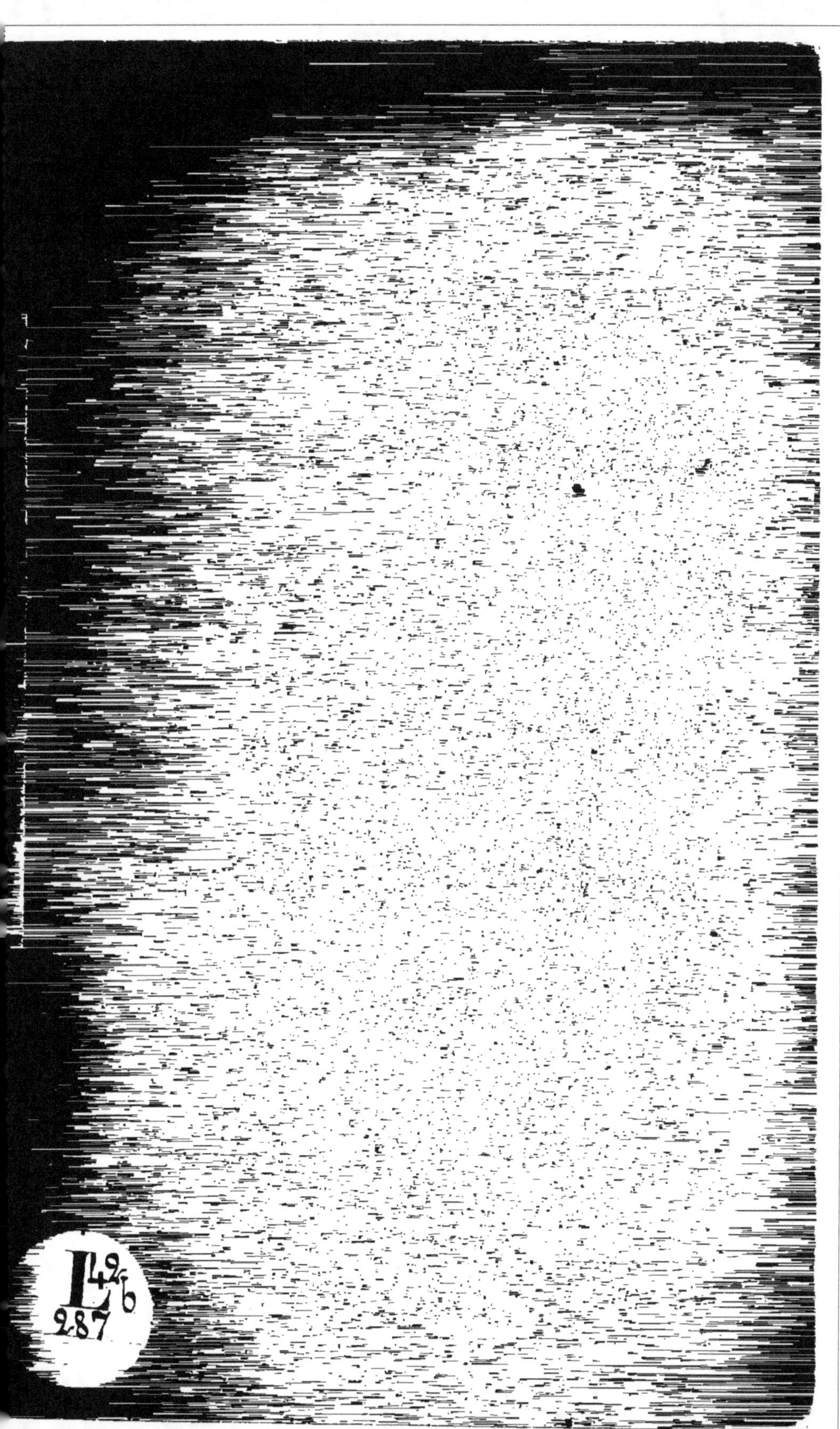

LE DÉSIR

DE LA PAIX,

Ou proposition d'un moyen pour la faire.

1797.

LE DÉSIR

DE LA PAIX,

Ou proposition d'un moyen pour la faire.

O homme, redeviens homme! cesse d'attrister
la nature! n'ensanglante plus la terre! assez
de combats glorieux ont illustré de héros.
L'homme ne retrouve point le bonheur par le
malheur de ses semblables : quel est celui qui
seroit heureux au milieu des gémissemens
étouffés, des cris aigus de la douleur, des
champs couverts de morts?... Amis de l'humanité, les calamités publiques auront un terme!...
reportez l'espérance dans vos cœurs! La vic-
toire nous offre l'olive de la paix, elle pare
de lauriers la tombe des défenseurs de la patrie; pour prix de leur dévouement immortel,
l'Europe entière verra renaître la tranquillité
et le bonheur.

Puisse ma foible voix être entendue! puisse
le sentiment qui m'anime échauffer toutes les
ames! puisse l'idée que je présente être ac-
cueillie! Je n'ai point puisé mon plan dans
l'étude d'une profonde politique. Je me per-
suade que l'art de gouverner les peuples con-

siste à vouloir qu'ils soient heureux. L'homme n'est point sans passions, et ceux qui les gouvernent n'en sont point exempts. L'amour de la patrie, l'honneur d'en soutenir la gloire exhalte l'imagination : ce sentiment est toujours magnanime, mais est-il toujours juste ? Un particulier a un différent, il ne juge point sa cause ; elle est soumise au tribunal de la loi. Ce mode dépouille les parties de leurs passions, et dispose chacun à une égalité de droit. Les gouvernemens ne pourroient-ils pas imiter le même exemple ? Jusqu'ici, seuls arbitres des sujets de divisions entre les empires, la force des armes en a presque toujours décidé ; et il est de la destinée des peuples de ne trouver la paix et le bonheur qu'après avoir vu couler des flots de sang.

La République, fière de ses triomphes, peut aujourd'hui donner la paix à l'Europe entière · elle pourroit, sans foiblesse, solliciter près des puissances belligérantes un tribunal de la paix. (Le nom de foiblesse convient-il au sentiment le plus généreux ?) Ce tribunal seroit composé DE DOUZE CENTS VIEILLARDS, choisis dans chaque état en guerre parmi les citoyens les plus dignes de la confiance publique. Le nombre des membres que chaque nation auroit à nommer, seroit en raison multiple des nations qu'elle auroit à combattre. La *France*, attaquée seule par plusieurs puissances, en auroit ainsi six cents à son choix. L'éliquilibre seroit établi.

Le tribunal de la paix, arbitre des différens des nations, auroit pour but de rétablir la paix entre elles.

Sa session ne pourroit être de plus de trois mois ; les chargés de pouvoirs des puissances divisées feroient valoir près de lui leurs réclamations.

Il n'y auroit aucune discussion établie dans le *tribunal*; chaque envoyé, accompagné d'un interprète, donneroit la lecture de son mémoire ; il seroit imprimé dans la langue qui seroit familière aux membres du tribunal, et distribué.

Afin que son opinion ne puisse jamais être ni influencée, ni balancée qu'en parties inégales ; afin que la justice soit la règle de ses décisions, une commission de six membres réunis de chaque section en litige présenteroit au *tribunal* un projet de résolution sur les différentes propositions faites par les chargés de pouvoirs. Ainsi l'intérêt divisé se lieroit à l'intérêt commun. Dans le cas que le *tribunal* prononçât la négative, il seroit de part et d'autre adjoint trois membres à la commission des douze, et enfin à une troisième épreuve, la résolution seroit adoptée. Après chaque épreuve, les envoyés des puissances pourroient faire leurs observations. 1)

On voit que si ce plan étoit suivi, il en ré-

1) Peut-être croiroit-on d'abord observer avec quelque justice que ce tribunal, en supposant qu'il fût favorable, seroit contraire aux lois constitutionnelles, qui remettent au pouvoir exécutif et au corps législatif le droit de faire la paix ou la guerre. Je répondrai que c'est précisément parce que ce droit est remis entre les mains du gouvernement par la constitution, qu'il peut (comme je pense qu'il le fait) conférer à une puissance intermédiaire des pouvoirs illimités, en se réservant la faculté de ratifier les traités.

Au reste, je ne présente pas ces idées comme inexpugnables ; on peut, dans le dédale des opérations politiques, douter de ses forces, et se tromper. Je sais que la censure est facile : la bonne manière de censurer seroit de faire un meilleur travail ; c'est ainsi qu'on se rend vraiment utile. Les mauvais critiques ressemblent à ces frelons qui étourdissent par leurs bourdonnemens, et dévorent les productions de l'abeille, tandis que celle-ci, vigilante et industrieuse, redouble de soins, d'ardeur, et augmente son domaine. Je ne m'applique point la comparaison.

sulteroit que la paix seroit assurée dès la con-
vocation de ce tribunal.

Si l'on reporte son attention sur son exis-
tence, eut on jamais vu un tribunal plus au-
guste? qu'on se représente *douze cents vieillards* animés de l'amour de l'humanité, pro-
nonçant, dans un silence respectueux, sur le
destin des peuples. Les avantages d'un sem-
blable tribunal étant reconnus, ne seroit-il pas
a désirer qu'il fût institué chaque fois que les
nations auroient des différens à terminer. Quel
seroit le gouvernement qui ne déposât pour
un instant sa puissance pour assurer le bonheur de la nation qu'il veut rendre heureuse,
et empêcher ainsi les effets d'une guerre
cruelle? qui pourroit alors troubler la tranquillité de l'Europe? Si tel est le sort des
peuples, qu'ils ne puissent jamais obtenir la
paix que par la guerre, qu'ils contemplent,
comme dans le désespoir, leur affreuse destinée! eux seuls sont malheureux! Pourquoi
à ce signal homicide la terre ne se couvre-
t-elle pas d'un crêpe funébre? Ah! si dans ces
tems d'horreur un deuil universel régnoit parmi
les peuples sur lesquels le fléau de la guerre
s'appesanti; si les femmes dans les places publiques s'arrachoient les cheveux, déchiroient

leurs vêtemens ; si dans tous les lieux on ne voyoit que le spectacle glaçant de la tristesse et de l'effroi : les gouvernemens frappés par ce tableau lugubre, rétabliroient par tous les moyens l'ordre et la paix. Mais non, l'homme est né pour la guerre, il est né pour la destruction. La plus légère injure le soulève, son courage s'anime, un feu électrique se communique dans toutes les ames, bientôt des armées sont rangées en bataille, la mort vole dans tous les rangs, les victimes périssent avec joie : la rigueur des tems, les fatigues, les privations cruelles, rien n'affoiblit l'intrépidité guerrière : on revient d'une blessure mortelle, on brave encore la mort, on appelle les combats !.... Il est vrai, l'amour de la gloire, la soif de se venger d'un ennemi commun, le devoir, l'honneur, tout porte à l'héroisme ; un sentiment de lâcheté est sur-tout indigne d'un Français ; mais dans le calme des passions, quel est celui qui ne déplore en secret l'aveuglement des hommes.

Cependant il est des circonstances où la guerre est un malheur inévitable, il est difficile d'expliquer les révolutions des empires. La chaîne des évènemens s'étend plus loin qu'on ne veut, la philosophie veut en vain percer le voile : nous restons enchaînés au tems qui nous entraîne, le passé n'est plus qu'un cahos ; et voulant dominer le présent, l'avenir nous atteint : nous devenons problématiques à nous-mêmes, et la cause des déchiremens des peuples nous est pour ainsi dire inconnue. Mais la voix de l'humanité n'est jamais impuissante, son empire est l'univers ; Peuple généreux, rappelle tes vertus antiques, écoute ce qu'elle t'annonce.

« Peuple jaloux de ta liberté, environné d'une » gloire éclatante, sois humain par quelque » sacrifice. Donne la paix au monde. L'étran- » ger enviera le nom français, la postérité » bénira à jamais ta génération ; jusques dans » les siècles les plus reculés la reconnoissance » recherchera les tombeaux des protecteurs » de l'humanité, et les couvrira de fleurs. »

Etouffons, il en est tems, les passions et les haines, respirons l'air d'un atmosphère paisible, nos cœurs ne sont-ils pas desséchés de douleur ?.... Qui ne frémit au seul nom de la guerre ?.... Ainsi qu'un torrent, dans la force d'un violent orage, tombe avec un horrible bruit des rochers sourcilleux ; que ses flots mugissans roulent avec fracas les arbres, les toits du laboureur ; qu'il engloutit les moissons, les troupeaux ; que les habitans fuient au loin épouvantés.... tandis que les plaines ravagées n'offrent plus que des débris : ainsi la guerre porte par-tout la terreur, la dévastation et la mort.... De même qu'un fleuve majestueux promene son onde tranquille au milieu des riantes prairies ; qu'il laisse échapper de son sein par mille canaux divers ses eaux limpides pour aller rafraîchir et féconder les campagnes : la douce paix étend dans tous les lieux ses heureuses influences. Elle releveroit le courage des peuples abattus ; tout reprendroit une activité nouvelle , on verroit le commerce refleurir, les arts s'animer à de nobles travaux, et la France au milieu de sa prospérité et de gloire, admirée par toutes les nations , soutiendroit sa liberté par la fermeté et la sagesse de ses lois.

Puisse le jour de la paix n'être pas éloigné de nous ! puisse l'attente de tous les peuples être bientôt remplie ! Il est à désirer que ce beau jour, ce jour de la réunion, soit consacré par un monument simple et durable. Voici ce que je me représente :

Au sommet d'une colline, près de la capitale, sur un site agréable, s'élève une colonne de marbre blanc : l'art ne l'a point surchargée d'ornemens surperflus ; sur sa tige des branches de lauriers s'entrelacent avec les symboles de la paix. On lit cette inscrisption :

LA RÉPUBLIQUE FRANÇAISE FIDELLE
A L'AMITIÉ DES PEUPLES.

Sur les angles d'un grand quarré, dans l'enceinte de la colline environnée de verdure, on apperçoit quatre pyramides où sont incrits les noms des plus braves guerriers ; au bas on distingue ces mots :

AUX HÉROS LA PATRIE RECONNOISSANTE.

Le jour de la fête de la paix , tandis qu'on la célébreroit avec toute la pompe et l'éclat digne d'un grand peuple , la colonne suporteroit un vase dans lequel seroient brulés des aromates : ces parfums se répandant dans les airs , serviroient d'emblême à l'alliance touchante que le peuple français formera avec eux. Dans l'épanchement de l'alégresse universelle , il me semble voir le vieillard débile et chancelant , ranimer ses forces pour jouir du spectacle de la félicité publique , et dans les transports d'une douce ivresse , ses yeux se noyer de pleurs..... lorsque près de lui, la beauté , bannissant ses alarmes, applaudit et sourit aux vainqueurs.

Chaque année cette fête seroit renouvellée par des chants, des jeux, et par l'expression de la joie publique.

Par le citoyen J. M. POCHON.

A Paris, le 24 ventôse, cinquième année de la République, une et indivisible.

Lettre du cit. POCHON, *au Corps législatif.*

CITOYENS REPRÉSENTANS,

Je vous prie de recevoir vingt exemplaires d'un petit imprimé ayant pour titre, *Le désir de la paix, ou proposition d'un moyen pour la faire.* Quelque travail que fasse un citoyen pour servir la chose publique, il a rempli son devoir quand il a mis tous ses efforts pour lui être utile. Citoyens représentans, regardez le plan que je présente, moins comme un moyeu qu'on pourroit mettre en usage, que comme la satifaction d'exprimer mes sentimens et mes vœux pour la paix.

Salut et respect,

Signé, J. M. P.

De l'imprimerie de LESGUILLIEZ, frères, rue du Petit-Carreau, n° 208.